L O U I S E H A Y

내면의 평화와
지혜를 위한
루이스 헤이 확언 필사집

# 루이스 헤이의 명상록

**루이스 L. 헤이** 지음
**엄남미** 옮김

K+ MIRACLE MORNING
KMM PUBLISHER

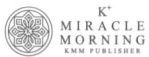

# 목차

저자 서문 · 6

나는 내 삶에 "YES"하는 사람이다 · 10

나는 진리 안에서 중심이 잡혀 있고 평화롭다 · 14

나는 모든 삶의 단계에서 나 자신을 치유한다 · 18

나는 내 몸의 모든 부분을 사랑하고 받아들인다 · 22

나는 완전한 내 존재가 빛으로 진동하게 한다 · 26

나를 만지는 모든 손은 치유의 손이다 · 30

나는 치유의 다음 단계를 밟고 있는 중이다 · 34

우리 집은 평화로운 천국의 안식처이다 · 38

내 수입은 꾸준히 증가한다 · 42

나는 항상 완벽하게 보호 받는다 · 46

나는 무한한 가능성과 잠재력이 있다 · 50

나는 지금의 나 자신을 완전히 사랑한다 · 54

내 사업은 번창한다 · 58

나는 세상 모든 사람들이 안전하도록 서로 사랑하는 것을 돕는다 · 62

나는 모든 한계를 넘어선다 · 66

나는 기꺼이 내 안의 위대함을 볼 것이다 · 72

올해 나는 긍정적인 변화를 위해 정신적인 작업을 한다 · 76

그것은 단지 생각일 뿐이다 그리고 하나의 생각은 바뀔 수 있다 · 78

나는 삶의 모든 부분과 연결되어 있다 · 82

나는 내 몸이 주는 메시지를 듣는다 · 84

나는 내 미래를 지금 창조한다 · 88

나는 삶으로 가는 새로운 문을 연다 · 92

나는 다른 사람들이 그들 자신이 되도록 허용해준다 · 96

나는 내 아이들과 개방적으로 의사소통한다 · 100

나의 세상에서 나는 안전하고 안정적이다 · 104

나는 사랑하고 사랑받을 가치가 있다 · 108

나는 모든 죄책감을 놓아준다 · 112

나는 나의 내면세계를 평화롭게 유지한다 · 116

나는 긍정적으로 말하고 생각한다 · 120

나는 순수 영혼이다 · 124

나는 항상 완전히 모든 상황에 적응한다 · 128

나는 계속해서 믿을 수 없는 축복의 선물을 받는다 · 132

나는 내가 나인 것을 사랑한다 · 136

내 모든 관계들은 사랑의 원으로 둘러싸여 있다 · 140

나는 자유롭고 평화롭다 · 144

나는 사랑으로 숨을 쉬고 삶과 하나 되어 사랑으로 함께 흐른다 · 148

나는 모든 부정적인 에너지를 놓아준다 · 152

나는 과거를 편안하게 놓아주고 삶의 과정을 신뢰한다 · 156

나는 기쁨과 즐거움을 누릴 가치가 있는 사람이다 · 160

나는 내 마음을 긍정적인 생각들로 다시 프로그램을 짠다 · 164

나는 사랑에 의해 동기부여 된다 · 168

나는 지금 있어야 할 곳에 있다 · 172

나는 매일 하루도 빠짐없이 감사를 전한다 · 174

나는 나 자신을 포함하여 모든 사람들을 용서한다 · 178

나는 내 직업을 통해 큰 기쁨을 느낀다 · 182

나는 내 삶의 '~해야만 해'라는 강한 의무의 말을 제거한다 · 186

나는 평화롭게 잠이 든다 · 190

나는 건강하고 에너지로 꽉 차 있다 · 194

모든 문제에는 반드시 해결책이 있다 · 196

나는 영원을 통해 끊임없이 여행하는 과정에 있다 · 200

나는 긍정적인 생각에 머문다 · 204

나는 지금 있어야 할 완벽한 시간대에 있다 · 206

나는 내가 나를 위해 창조한 그 모든 것을 사랑한다 · 210

나는 나 자신을 지금 바로 있는 그대로 인정하고 사랑한다 · 214

나는 이 지구의 모든 사람들과 하나이다 · 216

나는 내 존재의 진실한 자아를 인식한다 · 220

나는 나 자신의 독특하고 개성 있는 자아이다 · 224

나는 자연스럽게 승리한다 · 228

나는 나 자신을 있는 그대로 자유롭게 표현한다 · 230

나는 내 안에 있는 무한 지성을 믿는다 · 234

나는 조화로운 완전체의 일부이다 · 236

나는 우리 가족을 사랑으로 축복한다 · 240

나는 기꺼이 변화하고 성장한다 · 244

나는 내면의 지혜를 따른다 · 248

이 세상은 지구에 있는 천국이다 · 252

## 저자 서문

우리 모두는 알고 있는 것보다 훨씬 더 깊고 위대한 지혜의 센터가 있다. 이 책에 소개된 명상들은 내면 깊은 센터로 들어가 접속하는데 도움을 주기 위해 기획했다. 삶을 이해하기 위해 의식을 확장하고 더 확대된 의식으로 깊은 내면의 고요함을 느낄 수 있다.

새로운 아이디어와 삶의 문제들을 다루는 새로운 방식에 의식의 문을 연다면 삶은 더 좋게 바뀔 수 있다. 단 하나의 목적은 삶에 대해서 이해하는 것이고 삶의 방식이 어떻게 작용하는지 그 이해를 통해 더욱 더 성장하기 위함이다.

내가 진정으로 알아야 할 필요가 있는 것은 무엇일까? 삶이 가능한 더욱 더 순조롭게 잘 흘러가기 위해서 알아야 할 점들과 믿고 말해야 할 필요가 있는 것은 무엇일까?

우리 모두는 근원에 접속할 수 있는 능력이 탑재되어 있다. 우리는 그 근원에서 어려운 시기를 잘 겪어내기 위한 힘을 기르는 내면의 지식과 평화를 찾을 수 있다. 삶을 더 큰 그림으로 볼 때 지금 하는 고민들이 얼마나 작은 것들인지 보게 될 것이다. 우리는 진심으로 이 말을 이해해야 한다.

**"사소한 것에 목숨걸지 말라. 그것들은 정말로 모두 사소한 것이다."**

"나는 잘 모르겠어."라고 말을 할 때 우리는 무한한 지혜의 근원으로 들어가는 문을 닫아버리게 된다. 우리의 내면에는 그렇게 찾고 찾았던 모든 질문에 대한 답이 다 들어 있다. 우리는 진심으로 과거와 현재와 미래를 알고 있다. 우리들 모두는 축복받은 자기 자신의 심리 전문가들이다. 만약 어떤 사람이 자신의 심리를 잘 보고 스스로를 치유할 수 있다면 우리도 역시 그렇게 할 수 있다. 우리 모두는 더 잘 알고, 더 잘 보고, 더 잘 이해하는 잠재력을 지니고 있다. 삶의 더 큰 위대한 그림을 볼 수 있는 잠재가능성이 모두 다 있다.

하루를 시작하는 방식이 경험을 창조한다. 하루 중 어떤 경험이 따라올지 우리가 그 경험에 어떻게 반응할지를 결정하는 것은 하루를 시작할 때 어떤 자세로 일어나느냐에 달려있다. 이 책을 활용하는 방법은 아침에 일어나자마자 어느 페이지라도 펼쳐서 눈이 가는 부분을 소리 내어 읽고 써보는 것이다. 우연히 펼친 페이지가 여러분에게 완벽한 명상의 메시지가 될 수 있다. 나 또한 매일 아침 일어나자마자 항상 나를 고양되게 하고 행복하게 하는 생각으로 시작하고 하루를 마무리하기를 좋아한다. 좋은 꿈을 꾸게 하는 데 아주 좋은 방법은 이 책을 자기 전에 읽는 것이다. 아침에는 당연히 맑은 의식과 머리가 밝아져 일어나게 될 것이다.

기억하라. 삶의 광대한 무한함 속에서 모든 것은 완벽하고, 온전하고 완전하다. 그리고 여러분도 그러하다.

- 루이스 L. 헤이 -

## 나는 내 삶에 "YES"하는 사람이다

나는 삶의 모든 것들과 하나이다. 나는 무한한 지혜로 둘러싸여 있다. 무한 지성이 나를 감싸고 있다. 나에게는 무한한 지혜가 있다. 그러므로 나에게는 무한한 지혜가 있다.

우주가 가능한 모든 방식을 동원하여 긍정적으로 지지한다는 것을 알고 있다. 나는 우주의 지지와 도움을 받고 있다. 나는 우주의 보호 아래 있다. 나는 삶에 의해 창조되었고, 내 모든 욕구가 채워지는 이 지구라는 행성에 태어났다.

내가 무엇을 믿고, 생각하고 말하든지 간에 우주는 항상 나에게 **"예스(알았어)!"** 라고 말해준다. 나는 내 시간을 부정적인 생각과 주제에 낭비하지 않는다.

나는 기회와 풍요로움에 마음의 문을 열고 **"예스"** 라고 말하고 도전한다. 나는 모든 좋은 것들에 **"예스"** 라고 말한다. 나는 **"예스"** 라는 세상에서 살고 있는, **"예스"** 라고 말하는 긍정적인 사람이다. 우주는 늘 **"예스"** 라고 대답해준다.

## 나는 진리 안에서
## 중심이 잡혀 있고 평화롭다

내가 어디에 있든, 그곳에는 영혼과 신과 무한 지성의 선과, 무한한 지혜가 있다. 그곳은 무한한 조화와 사랑만이 존재한다. 다른 어떤 식으로든, 그것 외엔 존재할 수 없다. 이원성은 없다. 모두가 다 하나이다.

해결책이 없는 문제는 존재하지 않는다. 이 세상에 문제를 해결한 사람들이 있기 때문에 지금 가지고 있는 문제에 대한 답을 가지고 있는 사람이 반드시 있다.

나는 지금 신성이 인도하는 올바른 해결책을 찾기 위해 문제를 뛰어넘기로 선택한다. 신성의 올바른 때와 해결책은 지구라는 행성에 진실한 조화를 가져다 줄 것이다. 어떠한 혼란도, 불협화음도, 불일치도 결국 올바른 방향으로 해결될 것이다. 나는 이런 혼란과 혼동의 시대에서 기꺼이 배우고 성장하고자 한다.

나는 모든 비난을 놓아주고, 내면으로 들어가 진리를 찾는다. 나는 나 자신을 위해 선언한다. 나는 오직 자기 긍정 확언을 한다. 나와 모든 사람들을 위해 평화, 안전, 조화 등, 자아를 위한 깊은 사랑의 감정을 선언한다.

나는 강력하게 매일 확언한다. 나는 기꺼이 다른 사람들을 사랑하겠다. 나는 진리 안에서 항상 중심이 잡혀져 있고, 매일 즐겁게 산다. 모든 것이 다 좋다. 나는 안전하다.

## 나는 모든 삶의 단계에서
## 나 자신을 치유한다

지금 우리 지구는 치유의 때를 맞이하고 있다. 나는 내면으로 들어가 나 자신의 일부와 접속한다. 그 내면은 나 스스로를 어떻게 치유하는지 잘 안다. 치유 작업은 가능하다. 이 시간동안 나는 나 자신의 치유 능력을 발견할 것이다. 나의 치유 능력은 강하고 힘 있다. 나는 파워풀한 사랑의 힘이다.

나는 믿을 수 없을 만큼 능력 있고 무엇이든 할 수 있는 사람이다. 모든 가능한 수준에서 나 자신을 진정으로 치유하기 위해서 새로운 삶의 단계로 나아간다. 나는 의식의 높은 수준으로 더욱 더 정진해서 기꺼이 올라가겠다.

나는 영혼이다. 나는 영적인 존재가 되어가고 있다. 나는 나 자신과 세상을 돕는데 자유롭다. 나는 자유이다.

## 나는 내 몸의 모든 부분을 사랑하고 받아들인다

치유에 있어서 나를 가장 완전하게 만드는 것이 수용이다. 자신을 있는 그대로 받아들이는 것은 치유에서 가장 큰 부분을 차지한다. 나 자신을 완전히 모든 면에서 다 받아들이면 치유될 수 있다. 내가 잘 했을 때에도 나는 나를 수용한다. 그리고 내가 잘 하지 못했을 때에도 나는 나를 받아들인다. 내가 겁에 질려서 떨고 있을 때에도 나는 나를 있는 그대로 받아들인다. 내가 바보처럼 우스꽝스러울 때에도 나는 나 자신을 받아들인다.

아주 영리하고 머리에서 번뜩이는 아이디어가 계속 나올 때에도 나는 나 자신을 받아들인다. 나는 창피를 당해도 나를 받아들인다. 내가 승리할 때에도 나는 나를 받아들인다. 내가 죄책감을 느낄 때에도 나는 나를 받아들인다. 내가 수치심을 느낄 때에도 나는 나를 받아들인다. 이런 내 모든 부분을 다 받아들인다.

내가 가진 문제의 대부분은 내 스스로가 완전히 무조건적으로 나를 사랑하지 않고, 거부하는데서 생겨난다. 나는 과거를 삶의 풍부한 경험으로 가득 찬 인생 체험을 한 시간으로 여기겠다. 나의 못난 과거를 지난날의 배움과 교훈으로 바라보겠다. 만약 그 과거의 경험이 없었다면 나는 오늘 지금 여기에 있지 못한다. 내가 자신의 모든 면을 받아들일 때, 완전하고 온전하게 치유될 것이다.

# 나는 완전한 내 존재가
# 빛으로 진동하게 한다

나는 내 마음 속 깊은 중심의 에너지 센터로 들어간다. 그곳에는 형용할 수 없는 밝은 빛이 있다. 에너지 중심 차크라에는 말로 표현할 수 없는 아름다운 빛의 색이 존재한다. 그 빛의 작은 점을 찾아 집중한다. 그 빛은 너무나도 아름다운 색이다. 그 빛이 나의 치유 색이고, 사랑과 치유 에너지의 중심이다. 바늘의 맨 끝 부분의 작은 점에서 진동하는 빛이 내 심장을 채울 때까지 빛난다. 그 빛이 아주 크게 펴져 나간다. 나는 그 빛이 내 머리 정수리에서 손톱과 발톱 끝까지 뻗어나가게 한다.

나는 이 아름다운 컬러의 빛과 함께 절대적으로 함께 빛나고 있다. 이 아름다운 빛이 바로 나의 사랑과 치유 에너지이다.

나는 스스로에게 이렇게 말한다.

**"나는 숨을 들이마시고 내쉴 때마다 치유된다."**

내가 숨 쉴 때마다 신체의 불편한 증상을 깨끗이 청소하고 있다고 느낀다. 나는 그 빛이 나로부터 뿜어져 나와 세상의 특별한 장소에 닿게 한다. 내가 닿기를 바라는 곳에 아름다운 치유와 사랑의 빛을 보내어 그 빛으로 세상의 불편한 증상을 치유한다.

## 나를 만지는 모든 손은
## 치유의 손이다

나는 소중한 존재이다. 우주는 나를 정말로 사랑한다. 또한 나는 우주로부터 무한한 사랑을 제공 받는다. 내가 나에 대한 사랑을 키우면 키울수록, 우주도 역시 그 사랑을 거울처럼 반사해 나에게 전해 준다. 사랑은 더욱 더 커져 풍족하게 사랑의 증거를 보여줄 것이다. 나는 우주의 힘과 사랑이 모든 사람, 장소, 사물 등 어디에나 존재한다는 것을 알고 있다. 이런 사랑하고 치유하는 힘이 의료계에 종사하는 소중한 사람들에게도 흐르고, 내 몸을 치료하는 모든 손길에도 흐른다.

나는 오직 고도로 진화된 의식을 가진 개개인을 나의 치유 여정에 포함시킨다. 내 존재가 지금 여기에 있음으로 말미암아 각 의료진들이 영적이고 양질의 치유 행위를 더욱 더 발전시키도록 돕는다. 의사 선생님들과 간호사들은 나와 팀을 이루어 치유하는 활동을 할 때 그들의 능력에 놀라게 될 것이다.

## 나는 치유의 다음 단계를 밟고 있는 중이다

"나는 치유의 다음 단계를 밟고 있다."라는 확언을 할 때 나는 그것이 시작점이란 것을 안다. 이 확언은 새로운 길을 열어 준다. 나는 잠재의식에 이렇게 말하고 있는 것이다.

"나는 책임을 지고 있어. 나는 내가 변화할 수 있는 뭔가가 있다는 것을 인식하고 있어."

이렇게 확언을 계속 말한다면, 어떤 일이 일어나든 나는 그 일이 일어나도록 놓아줄 것이고, 혹은 그 일이 나에게 새로운 길을 열어줄 것이란 걸 확신한다. 뛰어난 아이디어가 머리에서 나오고, 친구가 전화해서 "이거 혹시 시도해 봤니?"라고 전해줄 수도 있다. 나의 치유를 도울 다음 단계로 나는 저절로 인도될 것이다.

# 우리 집은
# 평화로운 천국의 안식처이다

내가 사는 집은 나를 반영해주는 거울이다. 그러니 이제 나는 '집을 청소'하기로 결심한다. 옷장, 책상, 서랍, 부엌 싱크대와 그 서랍장을 정리하고 정돈한다. 나는 냉장고도 깔끔히 청소한다. 1년 동안 입지 않은 옷은 과감하게 꺼내서 중고 가게에 팔거나 아름다운 가게에 기증한다. 재활용을 하기도 한다. 옷이 필요한 사람에게 주거나 가능한 자신의 에너지를 정체되지 않도록 즉시 처리한다. 만약 고인의 옷이라면 태워버린다. 나는 과거의 감정을 치유하기 위해 낡은 것은 버리고 그 자리에 새것들이 들어올 공간을 비워둔다.

과거의 묵은 감정과 물건들을 청소하면서 이렇게 확언한다

**"나는 내 마음속 옷장을 청소하고 있는 중이야. 필요 없는 잡동사니는 다 처분하고 깔끔히 정리하자."**

냉장고를 청소하면서도 이렇게 똑같이 말한다.

**"나는 내 마음속 잡동사니를 청소하는 중이야."**

오랫동안 먹지 않는 음식을 다 꺼내서 버리고 청소하고 정리를 깔끔히 한다. 냉장고와 옷장, 서랍장에 잡동사니가 많은 사람들은 그들의 마음속에도 잡동사니가 많다는 것을 나는 알고 있다. 그래서 나는 사는 공간을 내가 살기에 멋진 공간으로 만든다.

# 내 수입은
# 꾸준히 증가한다

내 수입을 증가시키는 가장 빠른 방법은 정신 작업을 먼저 하는 것이다. 나는 그 사실을 잘 알기에 수입을 늘리려고 할 때에는 이렇게 확언한다.

**"내 수입은 꾸준히 증가하고 있어."**

더욱 더 번창하기 위해서는 돈이나 다른 어떤 종류의 풍요로움이든지 그것을 끌어당길 수 있다. 돈을 쫓아버리고 달아나게 할 수도 있다. 불평하는 행동은 결코 일이 잘 진행되게 하지 않는다.

나는 우주의 은행계좌가 있다. 그리고 우주 저축 은행에다 긍정 확언을 지금한 다음, 내가 그 돈과 풍요를 가질 가치가 있다고 믿을 수도 있다. 혹은 그럴 자격이 없다고 믿을 수도 있다.

나는 이렇게 확언한다.

"나는 날마다 매일 모든 면에서 수입이 증가하고 있다. 나는 점점 더 수입이 늘어나고 있다. 나는 삶의 모든 분야에서 풍요로움이 있다. 나는 내가 편안하고 여유롭고 쉽게 애씀 없이 풍요를 끌어당긴다는 것을 알게 된다."

## 나는 항상
## 완벽하게 보호 받는다

삶이 뭔가 크고 훌륭하게 아주 잘 되는 때에도 나는 가끔 걱정하게 된다. '뭔가 나쁜 일이 일어나 잘못된 길로 가게 되면 어쩌지? 모든 것을 다 빼앗으면 어쩌지?'라는 생각이 들어올 때도 있다. 있는 걱정 없는 걱정 다 끌어 모아 걱정을 사서 하기도 한다. 걱정은 두려움이고, 나 자신을 믿지 않는단 뜻이다. 그래서 나는 걱정을 이렇게 인식하기로 했다. 뭔가 내 마음속을 헤집어서 속상하게 해 화나게 하려는 무의식의 일부분이라고.

나는 걱정에게 나에게 '와, 알아차리게 해줘서 고맙다'라고 말한다. 그런 다음 걱정을 놓아준다. 걱정이라는 감정을 알아차리고 관찰할 수 있게 와줘서 진심으로 감사한 말을 전한다. 그리고 놓아준다.

**"걱정아 잘 가."**

마치 인연이 다한 친구처럼 헤어지면서 잘 가라고 한다. 나는 걱정에 대해 항복한다. 내가 겁을 먹게 되면 아드레날린이 분비되어 나를 위험으로부터 보호해줄 것이다.

나는 두려움에 대해 **"두려움아, 지금 네가 나를 돕기를 원하는구나."** 라고 말해준다. 그런 다음 내가 지닌 특정 두려움에 대해 인식하고 감사하며 고마움을 표현하지만 중요성을 부여하진 않는다.

## 나는 무한한 가능성과
## 잠재력이 있다

내가 지금 있는 이곳은 삶의 무한한 가능성이 존재하는 곳이다. 그 무한한 가능성의 공간 속에서 나는 나를 창조한 그 힘, 무한 지성의 사랑과 하나인 것을 알기에 기쁘다. 이 힘은 나를 포함하여 그것이 창조한 모든 것을 사랑한다. 나는 우주의 사랑을 듬뿍 받은 아이다. 그리고 나는 삶이 나에게 주는 모든 것들을 이미 다 가지고 있다.

나는 이 지구라는 행성에 가장 최상의 모습을 하고 태어났다. 삶의 모든 경험을 하기에 필요한 모든 삶의 기술들이 다 장착되어 있다. 내 마음은 하나의 무한한 마음에 연결되어 있다. 그러므로 모든 지식과 지혜가 나에게는 다 사용 가능한 것이 된다.

나는 나의 무한성 안에서 기뻐한다. 모든 분야에서 내 앞에는 삶의 총체적 가능성만이 놓여 있을 뿐이다. 나는 완전히 하나의 힘을 믿고, 모든 것이 나의 세상에서는 다 좋은 것임을 안다.

# 나는 지금의 나 자신을
# 완전히 사랑한다

사랑은 지구상에 존재하는 가장 큰 지우개이다. 사랑은 꾹꾹 눌러 깊게 새겨진 상처 자국을, 그것이 얼마나 크고 깊던지 간에 다 지울 수 있다. 왜냐하면 사랑은 그 어떤 것보다 더 깊은 내면으로 들어가기 때문이다.

사랑으로 깊은 내면의 상처 자국을 지울 수 있다. 만약 어린 시절에 상처 자국이 너무나 깊어, 일상생활을 방해한다면, 나는 계속해서 이렇게 확언을 한다.

"그 모든 일은 그들의 잘못이야. 내 잘못이 아니야."

당시에 일어난 그 일을 바꿀 힘은 그 누구에게도 없었다. 그럼에도 계속해서 과거의 희생자를 자청하여 부정 확언을 한다면 또다시 원점으로 돌아와 상처에 파묻혀 살게 된다.

그래서 나는 거울 작업을 많이 한다. 거울 속에 비친 내 두 눈을 또렷이 보면서 나 자신을 성찰한다. 그런 다음 이렇게 말한다.

**"나는 내 몸과 영혼의 모든 부분을 사랑한다"**

매일 아침 잠자리에서 바로 일어나자마자, 그리고 잠에 들기 전에도 이 거울 작업을 매일 한다. 나는 아름다운 영혼인 나의 모든 것을 사랑한다.

## 내 사업은
## 번창한다

나는 신성하게 보호받는다. 그러므로 내 사업은 번창한다. 번성에서 확장으로, 확대된 상태에서 크게 성장해 감사한다.

나는 지금 잠재의식에 쌓인 현금의 흐름에 대한 모든 한계들을 다 놓아준다. 무의식 속에 막혀있던 돈에 대한 생각도 다 내려놓는다. 엄청난 액수의 돈이 들어오는 시각화를 함으로써 내 삶은 크게 양자도약(Quantum jump)할 수 있다.

나는 상상할 수 없을 정도의 많은 돈의 양이 내 은행 계좌에 홍수처럼 흘러들어오도록 허락한다. 의식을 열어 어마어마한 액수의 돈을 생각하고 받아들임으로써, 부와 풍요로의 양자도약에 내 마음의 문을 열어둔다.

나는 사용할 돈이 충분히 있다. 저축하고도 남아 나누어줄 정도로 큰 액수의 돈이 계속 있다. 풍요의 법칙은 현금의 흐름을 지속적으로 풍성하게 한다. 풍요의 법칙대로 의식을 연다면 내가 필요로 하는 모든 것을 가져다주고, 청구서를 지불하고도 남을 정도의 풍요로운 삶을 살게 될 것이다.

나는 지금 풍요의식의 살아있는 본보기가 되도록 내 삶을 풍요의 법칙대로 살기로 선택한다. 나의 내면은 평화롭고 안전하다. 나는 모든 것을 기쁘게 관찰하고 이 사업이 계속해서 성장하고 내 기대를 훨씬 더 뛰어넘어 번성하는 것을 감사하게 여긴다. 나는 이 사업을 사랑으로 축복한다.

## 나는 세상 모든 사람들이 안전하도록
## 서로 사랑하는 것을 돕는다

나의 간절한 소원은 세상이 안전한 곳이 되도록 하는 것이다.

그 방법은 이 세상 사람들이 서로 사랑하도록 돕는 것이다.

서로 사랑하며 안전한 세상이 되었을 때의 이상적인 그림은, 모든 존재들이 서로를 있는 모습 그대로 받아들이고, 사랑하는 모습이다.

내가 나 자신을 사랑할 때, 나는 나를 비롯한 누구도 헤치거나 상처 줄 수 없다는 것을 깨닫는다. 나는 이 그룹, 저 그룹, 또다른 어느 그룹의 구성원들이든 '충분하지 않다'는 편견과 신념을 놓아준다.

자신이 얼마나 믿을 수 없을 정도로 아름다운 존재인지를 모두가 깨닫는다면 세상이 얼마나 안전하게 될까? 세상이 안전한 곳이란 걸 자각하여 평화롭게 되는 방법은 오직 사랑이다. 나는 이런 종류의 세상을 매일 명상 의식을 통해 상상한다. 나는 그런 세상이 되도록 우주의 공동체가 창조하는 일을 돕는다.

## 나는 모든 한계를
## 넘어선다

내 삶의 모든 경험들은 징검다리이다. 소위 실수라고 말하는 것까지 포함하여 인생에서 일어나는 모든 일들은 성장을 위한 디딤돌이다. 내가 어떤 실수를 했든지 나는 나 자신을 사랑한다. 헛발을 내딛어 디딤돌을 밟지 못하고 비켜갔을지라도, 나는 나를 사랑하고 있는 그대로 받아들인다.

그 모든 경험은 나에게 아주 가치 있다. 그 실수와 비켜감이 나에게 많은 것들을 가르쳐준다. 그러므로 빗디딤과 실책, 실수는 다 도움이 되는 것이다. 이런 식으로 나는 배운다.

어떤 실수를 하더라도, 나 자신을 벌주어 죄책감이라는 감정을 느끼기를 그만두겠다. 대신 나는 나 자신을 기꺼이 배우고 성장하도록 사랑하겠다.

내 모든 변화들은 이루기 쉬운 것들이다. 나는 변화를 어렵지 않게 잘한다. 나는 모든 변화들을 잘 만들어낸다. 나는 변화를 잘한다.

나 자신을 들여다보는 작업을 할 때, 때때로 나아지기 전에 더 나빠지기도 한다. 그런 일이 일어나는 건 괜찮다. 왜냐하면 그런 현상이 변화의 시작이라는 걸 잘 알기 때문이다.

그 모든 과정은 과거의 해묵은 실타래를 푸는 과정이다. 이 과정은 반드시 거쳐야 한다. 내가 배워야 할 필요가 있는 것을 배우는 데에는 시간이 필요하다. 나는 즉각적인 변화를 요구하지 않는다. 참지 못하고 성미가 급한 것이 배우는데 가장 큰 저항이다.

나는 변화의 단계들을 차근차근 밟을 것이기에 집착을 놓아준다. 나는 삶의 성장의 법칙에는 단계가 있음을 알기에 디딤돌을 하나씩 잘 밟아 나아간다. 계속 걸어 나갈수록 쉬워질 것이다.

## 나는 기꺼이
## 내 안의 위대함을 볼 것이다

이제 나는 마음속의 부정적이고 파괴적이며 두려운 생각을 제거하기로 선택한다. 나는 더이상 해로운 생각이나 대화에 끼어들어 듣기를 거부한다. 이제 나는 상처받는다는 생각을 놓아준다. 이제는 상처에 더이상 집착하지 않기에 아무도 나를 해칠 수 없다. 이제 나는 상처에서 해방된 믿음을 확고히 한다. 나는 상처받는다는 믿음을 내 의식 속에서 제거한다.

어떤 식으로 상처가 정당화되건 간에 나는 나에게 해를 끼치는 감정에 탐닉하기를 그만둔다. 이제 나는 나를 화나고 두렵게 하려는 그 어떤 것으로부터 나 자신을 뛰어넘는다.

나는 내가 필요로 하는 것보다 훨씬 더 위대한 존재이고 모든 상황에 적합하다. 나는 원래 내 모습의 위대함만 본다.

## 올해 나는 긍정적인 변화를 위해 정신적인 작업을 한다

나는 변화를 위해 내면의 정신 작업을 하지 않으면 아무것도 변하지 않는다는 것을 안다. 내가 바꿔야 할 것은 단지 하나, 바로 '생각'이다. 그러므로 이번 년도에는 나 자신을 위해 모두 긍정적인 생각으로 돌린다. 아침에 일어나자마자 매일 내가 원하는 것을 긍정확언으로 말한다. 원치 않거나 부정적인 생각에다 이렇게 말한다. **"저리 가", "나는 더이상 그렇게 생각하지 않을 거야", "사라져 버려", "항복", "나가"** 등등. 이런 식으로 나는 긍정적인 생각에 영향을 끼치는 정신 작업을 한다.

## 그것은 단지 생각일 뿐이다
## 그리고 하나의 생각은 바뀔 수 있다

다른 누군가에 대해 긍정적인 생각을 거부해 본 적이 있는가? 그렇다면, 나는 나 자신에 대해서 부정적인 생각을 하는 것도 거부할 수 있다. 사람들은 "생각하는 걸 멈출 수 없다"고 말한다.

그렇지 않다. 생각하는 걸 멈출 수 있다. 이렇게 마음먹고 말해야 한다.

"이제 나는 생각하는 걸 멈추겠어!"

내가 뭔가를 변화시키기 원할 때 내 생각과 싸울 필요는 없다. 부정적인 목소리가 올라올 때, 나는 이렇게 말할 수도 있다.

"고마워, 나에게 그런 생각이 있다는 것을 알려줘서 지금 너무나 감사해. 생각아 사랑해."

나는 부정적인 생각에다 내 힘을 실어주지 않을 것이다. 그렇다고 그런 생각이 나에게 있다는 것을 부인하지는 않을 것이다. 나는 이렇게 말한다.

"알겠어. 그 생각은 거기에 있어. 그러나 나는 거기에 어떤 생각도, 주의도 기울이지 않을 거야. 나는 또 다른 생각을 창조하길 원해. 나는 내 생각과 싸우지 않을 거야. 나는 인식하고 관찰하여 잘 놓아줄 거야. 그리고 그 부정적인 생각을 넘어설 거야."

## 나는 삶의 모든 부분과 연결되어 있다

나는 영혼이자 빛이며 에너지이고, 파동이며 색깔이자 사랑이다. 나는 내가 인정받는 것보다 훨씬 더 위대한 존재이다. 나는 이 지구라는 행성에 모든 존재들과 연결되어 있다. 나는 안전한 사회에 살고 있고, 자신과 타인을 건강하고 온전한 존재로 바라본다. 나는 나 자신과 모두를 위해 비전을 품고 있다. 우리 모두는 지금 치유와 온전함을 만들 때에 함께 존재하고 있기 때문이다. 나는 그 완전함 속에 일부분이다. 나는 삶의 모든 것들과 하나이다.

## 나는 내 몸이 주는
## 메시지를 듣는다

　변화의 시기를 맞이한 세상에서, 나는 모든 영역에서 유연해지기로 선택한다. 나는 기꺼이 나 자신을 변화시킬 것이고, 내 삶과 내 세상의 질을 높이기 위해서 내 신념을 바꾸기로 선택한다.

　나는 기꺼이 달라지겠다. 내 몸은 내가 어떻게 다룰지라도 나를 사랑한다. 내 몸은 나와 대화한다. 그리고 나는 내 몸의 메시지를 듣는다. 나는 기꺼이 내 몸이 주는 메시지들을 듣겠다.

나는 몸에 주의를 기울이고, 필요하다면 바로잡는다. 나는 몸이 나에게 뭔가 필요하다면 나에게 말을 해줄 것이고, 최적의 건강을 되돌려주기 위해 가능한 모든 것을 해줄 것이라고 믿는다. 몸은 항상 필요한 조치를 취해준다. 나는 기꺼이 내면의 힘을 낸다. 이미 그 내면의 힘은 내 것이기에 필요할 때마다 나의 무한 능력을 사용한다.

## 나는 내 미래를
## 지금 창조한다

내가 어린 시절을 어떻게 보냈을지라도, 가장 좋았던 경험이나 가장 나빴던 경험에 대한 온전한 책임은 전적으로 나에게 있다. 유년시절 초기 양육 환경이나 가정환경이 나빴다고 그 시절을 비난하면서 보낼 수도 있다. 또 그런 시절을 보내게 한 부모님을 원망할 수도 있다. 하지만, 어린 시절에 집착하는 모든 것은 나를 희생자(피해자) 사고패턴으로 만든다. 나를 더이상 앞으로 더 못 나가게 막는 장애물이다. 과거의 피해자 의식에 대한 기억들은 내가 바라는 미래의 좋은 것들을 결코 가져다 줄 수 없다.

나의 현재의 사고 패턴이 미래를 만든다. 부정성과 고통으로 점철된 인생을 창조할 수도 있고, 과거로 인해서 무한한 기쁨의 인생을 누릴 수도 있다. 나는 밝은 미래를 지금 선택하겠다.

## 나는 삶으로 가는
## 새로운 문을 연다

내 앞에는 계속해서 새로운 경험으로 안내해 주는 인생 복도의 문들이 있다. 문이 수없이 많아 복도를 지날 때마다 흥미진진하다. 새로운 문들이 내 앞에 한없이 펼쳐지고 있다. 앞으로 나아갈 때마다 내가 경험하고자 했던 멋진 다양한 문들이 기다리고 있다. 나는 그 문들을 하나씩 열면서 다양한 경험을 하는 나를 바라본다.

나의 내면의 자아는 최상의 경험을 할 수 있도록 길을 안내해주고 인도해 준다. 그 경험들은 나의 영적인 성장이 계속해서 확장되도록 돕는 것들이다.

어떤 문이 열리고 닫히든 나는 항상 안전하다. 나는 영원하다. 나는 경험에서 경험으로 계속 나아간다. 나는 기쁨, 평화, 치유, 풍요, 사랑, 이해, 연민, 용서, 치유, 자기가치, 자아존중감과 자긍심을 느낄 수 있는 문을 여는 나를 바라본다. 그것은 내 앞에 모두 여기에 있다.

# 나는 다른 사람들이
# 그들 자신이 되도록 허용해준다

나는 다른 사람들을 변화하도록 힘으로 강요할 수 없다. 그들이 변화하고자 하면 가능성이 있는 긍정적인 정신적 환경을 제공할 수는 있어도 변화를 대신해 주거나, 내가 했던 것처럼 그들을 변화하게 할 순 없다. 모든 사람들은 여기 이곳에서 자신의 영혼의 수업을 받기 위해 배우고 공부하는 중이다.

그리고 만약 긍정적인 변화를 위해 강제적으로 대신해서 뭔가를 조정해 준다면, 사람들은 나를 떠나서 그 작업을 다시 해야 할 것이다. 왜냐하면 변화가 필요한 사람들이 자신이 해야 할 작업을 하지 않았기 때문이다.

내가 할 수 있는 모든 것은 사람들을 사랑하는 것이고, 그들 자신이 되는 것을 허용하는 것이다. 그리고 진리는 항상 그들 안에 있고, 그들이 어떤 순간에도 필요한 대로 변화할 수 있다는 것을 내가 아는 것이다.

## 나는 내 아이들과
## 개방적으로 의사소통한다

나는 특히 아이들이 내 대화의 상대일 때에는, 마음을 열어 의사소통의 끈을 놓지 않는다. 아이들이 처음 말을 하기 시작할 때 종종 어른들로부터 이런 말을 듣는다. "이거 하지 마라, 저거 하지 마라, 그렇게 느끼지 마라, 그렇게 표현하지 마라, 하지마! 하지마! 하지마!" 결과적으로 아이들은 의사소통을 멈춰 버린다. 나는 이런 문제를 피하기 위해 적극적으로 아이들의 말을 경청한다.

나는 아이들의 생각과 아이디어에 마음의 문을 열어 의사소통 문제를 해결한다. 뭔가 문제가 생겨 그 일이 나에게 도전거리가 된다면 나는 협상의 기술을 써서 해결한다. 나는 아이들과 멋진 관계를 구축한다.

## 나의 세상에서
## 나는 안전하고 안정적이다

뭔가 불안정감을 느끼고 두렵고 무서울 때, 나는 내 몸을 보호하는 차원에서 몸무게를 무겁게 늘리는 경향이 있다. 이런 느낌을 받을 때 뭔가 삶에서 불안감을 느끼게 하는 일이 일어나고 있음을 바로 인지한다. 나는 20년 동안 과체중의 문제와 싸울 수도 있다. 나는 비만의 원인에 대해서 내면의 작업을 하고 있지 않기 때문에 여전히 뚱뚱하다. 만약 내가 과체중이라면 몸무게의 수치 따위는 잠시 옆으로 내려놓고, 먼저 삶의 다른 문제나 이슈들을 다룬다. 그 문제를 먼저 다뤄야지만 과체중 문제가 해결될 수 있다.

항상 자신에게 "나는 보호가 필요해. 나는 불안해."라고 말하진 않는가? 먼저 이 이슈를 해결해야 한다.

이제 나는 몸무게가 계속 증가할 때 화를 내지 않는 것이 중요하단 것을 안다. 왜냐하면 내 몸의 모든 세포들은 나의 정신적 생각 패턴에 반응하기 때문이다. 보호 받고자 하는 욕구가 사라질 때, 혹은 점점 더 안정감이 느껴지기 시작할 때 비만 문제는 그대로 녹아 저절로 사라질 것이다. 오늘 내가 선택한 것이 내일의 새로운 모습을 창조할 것이다.

## 나는 사랑하고
## 사랑받을 가치가 있다

숨쉬기 위한 권리를 얻기 위해 노력하는 것이 쓸모없는 행동인 것처럼, 더이상 사랑을 얻으려 노력할 필요가 없다. 내가 존재하고 있기 때문에 숨쉴 권리를 가지고 있는 것처럼, 나의 존재는 사랑하고 사랑받을 가치가 있다.

내가 충분히 좋은 사람이 아니라고 생각하게 만드는 부모님이나 사회의 부정적인 의견과 편견에는 절대 귀를 기울이지 않는다.

나는 부모님의 의견과 흔히 있는 사회의 편견을 내 의식으로 가져오도록 허락하지 않는다.

현실의 내 존재는 사랑스럽고 사랑을 받을만한 사람이다. 이 사실을 나는 알고 있고 그렇게 받아들인다.

사람들이 이제 나를 사랑스런 사람으로 대하기 시작하고 그 증거를 발견한다.

## 나는 모든 죄책감을
## 놓아준다

과거에 나는 죄책감이라는 무거운 구름 아래에 살았다. 나는 항상 뭔가가 잘못되었다고 느꼈다. 나는 그 일을 잘 하지 못했다. 그래서 나는 항상 사과를 하곤 했다. 나는 내가 과거에 한 일에 대해 나 자신을 용서하지 않았다. 내가 누군가에게 한번이라도 조정을 당하면 나도 다른 사람들을 조정하고 통제했다.

그러나 이제 나는 죄책감이 어떤 문제도 해결해주지 못한다는 것을 알고 있다.

만약 내가 과거의 어떤 일에 대해 유감을 느낀다면 그 행동을 그만둔다. 할 수 있다면 다른 사람들에게 수정할 사항에 대해 물어보고 적극적으로 관계를 해결한다. 만약 그렇게 할 수 없다면 단순히 그 행동을 다시는 반복하지 않는다.

나는 죄책감이 항상 처벌을 기다리고 있다는 것을 인식하고 있다. 그리고 처벌은 고통을 낳는다. 그래서 나는 나 자신을 용서하고 타인을 용서한다. 나는 나를 가둬놓은 감옥에서 나온다.

# 나는 나의 내면세계를
# 평화롭게 유지한다

내면의 평화 상태에서 항상 나 자신을 진실한 자아에 놓기 때문에, 나는 외부세상에서도 항상 평화를 유지한다.

비록 다른 사람들은 불일치와 부조화를 경험하고 있을지라도 그것은 나에게 아무런 영향을 끼치지 못한다. 왜냐하면 나는 나 자신을 위해 평화를 선언하기 때문이다.

우주는 위대한 질서와 평화로움 중에 하나이다. 그리고 나는 이 사실을 내 삶의 모든 순간에 적용한다. 행성이나 별들은 걱정하고 근심하지 않는다. 별들이나 행성은 천체의 궤도를 돌기 위해 두려워할 필요가 전혀 없다. 그것들은 그렇게 프로그램 되어 있지 않다.

별들이나 행성이 천체의 궤도를 돌기 위해 걱정할 필요는 없다. 삶 속에서 평화롭게 존재하는 것을 방해하는 혼란한 생각도 필요하지 않다. 나는 평화로움을 표현하기를 선택한다. 왜냐하면 나는 평화이기 때문이다.

# 나는 긍정적으로 말하고
# 생각한다

만약 내가 내뱉는 말의 힘을 이해할 수 있다면, 나는 지금 하는 말에 신경 쓸 것이다. 나는 계속해서 긍정 확언을 할 것이다.

우주는 내가 무엇을 믿기로 선택하든지 항상 무조건 "예스"라고 말한다. 만약 내가 충분하지 않다고 믿기로 선택하고 말한다면, 우주는 언제나 "예스"라고 하기 때문에 충분하지 않은 것들이 삶에 증거로서 나타날 것이다. 내 말에 반응하여 삶은 그 어떤 좋은 것도 가져다주지 않을 것이다. 우주는 항상 내가 지금 하는 말에 반응할 것이고, 좋지 않은 그것이 바로 내가 가질 것이 된다.

내가 변화하기를 시작하는 순간, 그리고 내 삶에 좋은 것을 기꺼이 끌어당기겠다고 결심한 순간에 우주는 친절하게 반응할 것이다.

## 나는
## 순수 영혼이다

내 존재의 깊은 중심을 바라본다. 그리고 나의 모든 부분이 순수 영혼이라는 것을 본다. 순수한 영혼이자 순수한 빛이며 순수 에너지이다.

나는 나의 모든 한계들이 하나씩 사라지는 것을 시각화한다. 내가 안전해지고, 치유되고, 완전해질 때까지 내 제한과 두려움과 한계가 모두 사라진다. 서서히 하나씩 모든 생각의 한계가 사라진다.

내 삶에서 어떤 일이 일어나든지, 어떤 어려움이 닥치든지 나는 안전하고 온전할 것이다. 내 존재의 깊은 중심에서 나는 안전하고 완전하고 온전하고 완벽하다. 그리고 항상 그러할 것이다.

세세생생 나는 빛나는 영혼이다. 그 사실은 변함없다. 나는 너무나도 아름답게 빛나는 빛이다. 나는 이 지구라는 행성에 와서 내 빛으로 세상을 비춘 다음, 빛을 가리고 숨겼다. 하지만 빛은 항상 내 근원에 있었다.

나의 한계점들을 내려놓을 때 나는 내 존재의 진실한 아름다움을 인식하고 찬란하게 빛난다. 나는 에너지이다. 나는 사랑의 영혼이다. 사랑의 영혼이 밝게 빛나 내가 되었다. 나는 내 빛이 환하게 비추도록 한다.

## 나는 항상 완전히
## 모든 상황에 적응한다

나는 나 자신을 칭송한다. 나는 열렬히 나를 칭찬한다. 내 자신이 얼마나 절대적으로 아름답고 멋진 사람인지를 내면에다 계속 속삭여준다. 나는 나 자신을 잘못했다고 책망할 생각은 추호도 없다. 뭔가 새로운 걸 할 때, 나는 처음에 잘 못한다고 자학하거나 자책하지 않는다.

나는 연습한다. 훈련하고 연습하면 잘 될 것이란 걸 알기에 계속해서 나를 사랑하는 연습을 한다. 그렇게 함으로써 무엇에 효과가 있었고, 무엇이 효과가 없는지 그냥 배울 뿐이다. 다음번에 내가 뭔가 새로운 걸 하거나 다른 일을 할 때, 그저 배울 것이다. 나는 거기에 그저 나를 위해 존재할 뿐이다.

나는 나에게 "뭔가 잘못된 게 있어"라고 말하지 않는다. 나는 무엇이 옳았는지 나에게 긍정적인 이야기를 해줄 것이다. 나는 나를 칭찬하고 나의 자존감을 세울 것이다. 그래서 다음번에 그 일을 하게 될 때 나는 진심으로 그 일에 대해서 좋게 느낀다. 매번 다시 할 때마다 나는 점점 더 좋아진다. 곧 나는 어떤 종류의 새로운 기술을 습득하게 될 것이다.

## 나는 계속해서 믿을 수 없는
## 축복의 선물을 받는다

나는 풍요로움을 교환하는 대신 풍요를 받아들이기를 배운다. 만약 친구가 선물을 주거나 점심을 사주면 바로 갚아야 한다는 생각을 할 필요가 없다. 회답을 바로 하지 말고 선물을 충분히 느끼는 것이 풍요이다. 나는 그분이 나에게 선물을 주는 것을 허용한다. 나는 선물을 기쁨과 즐거움으로 받아들인다. 아마 다시는 그 사람에게 화답을 하지 못할 수도 있다. 그 대신 나는 다른 사람에게 베풀면 된다. 그것도 역시 풍요로운 선물의 축복이다.

만약 누군가가 내가 잘 사용하지 않거나 필요하지 않은 물건을 선물한다면 나는 이렇게 말한다.

**"나는 이 선물을 기쁨과 감사로 받아들인다."**

이렇게 말하고는 나는 필요로 하지 않은 선물을 다른 사람에게 전달해 준다.

# 나는 내가 나인 것을
# 사랑한다

만약 내가 그 누구에게도 비난 받지 않고 삶을 행복하게 살 수 있다면 얼마나 즐거울지 상상한다. 그런 상상을 하면서 나는 완전히 평화롭게 사는 나의 모습을 떠올린다.

아침에 일어날 때 나는 하루 종일 멋진 날을 보낸다는 사실을 발견하게 될 것이다. 왜냐하면 모든 사람들이 나를 사랑할 것이고, 아무도 나를 판단하거나 아래로 깔보거나 무시하지 않을 것이기 때문이다. 나는 그냥 너무나도 멋진 위대한 감정을 느낄 것이다.

이제 내가 나 자신에게 이 선물을 주겠다고 스스로에게 계속 긍정확언을 한다. 자각의 순간이다. 내가 나 자신과 사는 것은 이 세상에서 가장 환상적인 경험이 될 것이다. 아침에 일어날 때 나는 나를 사랑하면서 잠에서 깨어날 것이다. 나는 나를 칭송하고 칭찬하면서 일어난다. 나는 나 자신에게 매순간 이렇게 말하게 될 것이다.

"나는 나를 사랑해."

"나는 내가 나인 것을 사랑해."

이렇게 말하면서 자동적으로 일어나게 될 것이다. 굉장히 상쾌한 아침이 될 것이다.

## 내 모든 관계들은
## 사랑의 원으로 둘러싸여 있다

나는 내 친구들을 사랑의 원으로, 존재의 근원과 본질로 에워싼다. 친구들이 살아있건 살아있지 않건 우리는 모든 존재와 하나이다. 그 원 안에는 내 친구들과 가족들, 내가 사랑하는 사람들, 내 배우자, 과거에 함께 했던 인연, 직장에서 함께 근무했던 분들, 용서하고 싶었지만 어떻게 용서하는지 그 방법을 몰라서 용서하지 못했던 사람들을 모두 포함한다. 나는 모든 사람들과 멋지고 조화롭고 만족스러운 관계를 맺는다고 확언한다.

우리는 과거가 어떻든지 서로 존중하고 존경하고 아껴준다. 나는 이제 자존감과 평화와 즐거움과 함께 살 수 있다는 것을 안다. 나는 이 사랑의 원으로 지구 전체 행성을 에워싸이게 하고 내 가슴과 심장을 열어 무조건적인 사랑으로 전 지구를 치유할 수 있도록 마음의 문을 활짝 열어둔다.

나는 사랑할 가치가 있는 사람이다. 나는 아름답다. 나는 강하고 튼튼하고 온전하고 완전하다. 나는 힘이 있다. 나는 마음을 열어 세상의 모든 좋은 것들을 받도록 허락한다.

# 나는 자유롭고
# 평화롭다

나는 오늘 새로운 사람으로 태어난다. 나는 어제와 다른 나이다. 나는 나를 압박하는 모든 생각을 풀어주고 편안하게 몸과 마음을 이완시킨다. 어떤 사람이나 장소, 사물도 나를 괴롭히거나 짜증나게 할 수 없다. 나는 평화롭다. 나는 자유로운 사람이다. 나 자신의 사랑과 이해로 세상을 보니, 이제는 그런 세상에서 살고 있기에 나는 자유롭다. 나는 어떤 것에도 반대하지 않는다. 대신, 나는 모든 것이 내 삶의 질을 더 증진시켜 줄 것이란 사실에 찬성하는 쪽으로 항상 긍정적인 생각을 한다.

나는 내 미래를 창조하기 위한 도구로 생각과 말이라는 도구를 사용한다. 나는 감사함과 고마움을 자주 표현한다. 그리고 나는 감사할 거리들을 항상 찾는다. 그리고 **"감사합니다!"** 라고 가슴 속 깊이 말하며 느낀다. 나는 편안하게 이완된다. 나는 평화로운 세상에서 살고 있는 평온한 삶을 사는 사람이다.

## 나는 사랑으로 숨을 쉬고
## 삶과 하나 되어 사랑으로 함께 흐른다

나는 확장되고 있는가? 아니면 수축되고 있는가? 나는 성장하고 있는가? 아니면 후퇴하고 있는가? 내가 나에 대한 생각과 신념을 확장시킬 때 사랑은 자연스럽고 자유롭게 흐른다. 내가 뒤로 물러나서 후퇴하고 있을 때에는 나 자신에게 벽을 치고, 마음의 문을 닫게 된다.

만약 무섭거나 위협이 느껴지고, 뭔가 옳지 않은 일이 생긴 것 같다고 느낄 때에는 그저 깊은 호흡을 한다.

심호흡은 나를 확장시켜 준다. 닫혔던 마음의 문을 여는 것이 호흡이다. 호흡은 척추를 곧게 펴준다. 호흡은 내 가슴을 열어준다. 호흡을 통해 심장에는 확장할 수 있는 공간이 마련된다. 호흡은 사랑의 확장이다. 호흡을 의식적으로 연습하는 것은 마음의 장벽을 무너뜨리고 새로운 가능성의 문을 열게 된다. 고통스럽게 삶을 사는 것보다 심호흡을 몇 차례 한 후에 나에게 물어본다.

"( 자신의 이름 )야, 너는 수축하길 원하니? 확장하길 원하니?"

## 나는 모든 부정적인 에너지를 놓아준다

부정적인 신념이 얼마나 오랫동안 내 잠재의식에 잠복하고 있었건 간에, 나는 이제 부정적인 신념으로부터 자유롭다고 선언한다. 나는 이제 부정적인 신념의 원인이 되는 의식의 생각 패턴을 놓아준다고 확언한다.

표면의식에서 계속해서 부정적인 확언을 하게 되면 삶에서도 부정적인 상황이 계속 만들어진다. 그러므로, 이제는 어떤 부정적인 상황과 환경, 조건들을 끌어당길 필요가 없기 때문에 불행에 대한 욕구를 기꺼이 놓아주겠다.

원래 아무것도 없었던 데에서 왔던 부정적인 신념은 사라지고 점점 희미해져서, 왔던 곳으로 다시 보내준다. 오래된 과거의 쓰레기 같은 생각은 더이상 나를 붙들고 있지 않는다. 이제 나는 자유롭다!

## 나는 과거를 편안하게 놓아주고
## 삶의 과정을 신뢰한다

이미 지나가서 과거가 되어버린 기억과 고통을 주는 기억의 문을 쾅 닫아버린다. 과거의 상처와 오랫동안 가지고 있던 자기 합리화와 변명, 용서하지 않으려는 모든 기억의 문을 닫아버린다. 용서하기 어렵고 들여다보기 어려운 과거 속에서 나는 사건, 사고를 일으키기도 했을 것이다. 이제 나는 이렇게 나에게 물어본다.

"얼마나 오랫동안 이 과거를 붙잡고 있을 거니?"

"과거에 이미 벌어진 일 때문에 얼마나 오랫동안 더 고통을 받아야 되겠니?"

이제 나는 내 앞에 물줄기를 상상하여 본다. 그 물줄기에다 과거의 모든 상처들, 이 모든 용서하지 않으려는 고집들을 전부 넣는다. 모든 불쾌한 사건들이 완전히 내 앞에서 사라져서 없어질 때까지 과거 사건들이 해결되어 물줄기 아래로 흘러 내려가는 것을 바라본다. 나는 진심으로 놓아줄 능력이 있다.

## 나는 기쁨과 즐거움을 누릴 가치가 있는 사람이다

나는 기쁨과 수용이라는 환경에서 살 가치가 충분히 있는 사람이다. 나는 진심으로 선한 좋은 것들을 받을 자격이 있고 부모님의 한계와 어린 시절에 가졌던 제약들 때문에 좌절했던 기억들을 기꺼이 뛰어넘기로 한다.

나는 거울을 보고 나 자신에게 이렇게 말한다.

"나는 모든 좋은 것들을 누릴 자격이 있어."

"나는 물질적으로, 재정적으로, 심리적으로 번성할 가치가 있는 사람이야."

"나는 즐거울 자격이 있어."

"나는 모든 선하고 행복한 것들을 누릴 자격이 있어."


나는 두 팔을 크게 넓게 벌려 이렇게 말한다.

"나는 마음을 열어 받아들인다."

"나는 멋지다."

"나는 인정한다."

"나는 모든 풍요로움을 받아들인다."

"나는 최상의 선을 받아들인다."

## 나는 내 마음을 긍정적인 생각들로
## 다시 프로그램을 짠다

마음속에 품고 있는 부정적인 신념을 다시 프로그램화하면 놀라운 힘이 생긴다. 가장 좋은 방법은 내 목소리를 녹음하는 것이다. 나 자신의 유일한 목소리인 내 소리를 나에게 들려주는 것은 큰 의미가 있다.

내 목소리는 나를 위해 아주 큰 가치가 있다. 내 목소리를 녹음하는 것은 더 큰 의미가 있다. 나는 우리 엄마에게 나 자신에 대해 사랑스러운 점과 칭찬할 점들을 녹음해 달라고 한다.

엄마가 나에게 '내가 얼마나 멋진 사람'인지를 말해주는 상상을 한다. 자기 전, 의식을 할 때 '엄마가 나에게 해주는 칭찬 목소리 녹음' 방법을 사용해 보라. 엄마가 나를 얼마나 사랑하고 자랑스러워하는지 엄마 목소리를 직접 녹음해보라. 이 세상의 어떤 것도 될 수 있고, 내가 무엇이든 다 해낼 수 있는 사람이란 것을 엄마한테 또박또박 목소리로 녹음해달라고 해보자. 자기 전, 나에 대한 칭찬 의식을 하기 위해 녹음한 것을 꼭 듣고 잔다. 잠재의식이 놀랍게 바뀔 것이다.

## 나는 사랑에 의해
## 동기부여 된다

나는 내 안에 있는 비통함이나 쓰라림, 분노 등을 놓아준다. 나는 완전히 모든 사람들을 자유롭게 기꺼이 용서하겠다. 만약 내 삶에서 누군가가 어느 시점에서 어떤 식으로든 나에게 해를 끼쳤다면, 나는 이제 그 사람을 사랑으로 축복하고 놓아준다. 나는 어떤 누구도 합법적으로 내 것을 빼앗아가지 못한다는 것을 안다. 나에게 속한 것은 언제나 신성한 순서에 따라 완벽한 타이밍에 되돌아 올 것이다.

만약 뭔가 나에게 돌아오지 않는다면 그것은 원래 그러기로 되어 있는 것이다. 나는 이 생각을 편안하게 받아들인다. 분노를 해결하는 것이 아주 중요하다. 나는 나를 믿는다. 나는 안전하다. 나는 사랑에 의해 동기를 부여받는다.

## 나는 지금 있어야 할 곳에 있다

내가 필요로 하는 것들은 완벽한 시간에 완벽한 공간과 순서대로 나에게 온다. 모든 별과 행성이 완벽하게 궤도를 돌고 있고, 신성한 질서에 의해 움직이고 있듯, 나 역시도 그러하다. 나의 제한된 인간적인 마음으로는 모든 것을 이해할 수 없을지라도 우주적인 관점에서 나는 지금 여기 올바른 장소에서 올바른 시간에 올바른 것을 정확히 하고 있다는 것을 안다. 나는 긍정적인 생각을 하기로 선택한다. 지금 현재 내가 하는 경험은 새로운 의식과 더 큰 영광으로의 초석이 된다.

## 나는 매일 하루도 빠짐없이
## 감사를 전한다

나는 나의 세상에 존재하는 모든 아름다운 것들에 감사한다. 아름다운 수선화도 감사하고, 맛있는 음식도 감사하고, 컴퓨터와 좀 더 편리하게 만들어주는 기술적인 기계들의 놀라운 발명품들에게도 감사한다. 좋은 친구들, 나의 사랑스러운 가정과 집, 나의 날렵한 자동차와 사랑하는 애완동물들, 나의 무한지성의 마음과 건강한 몸까지 모든 것에 감사한다.

나는 우주에게 감사하는 것을 잊지 않는다. 나는 우주에게 감사한다. 왜냐하면 내 생각이 우주에 닿아서 내 소원이 수용되어 환영받는 것을 알기에 감사한다. 나는 끊임없이 감사의 태도를 오랫동안 가진다.

## 나는 나 자신을 포함하여
## 모든 사람들을 용서한다

과거에 있었던 일 때문에 계속 억울해 하고, 화가 나는 감정을 붙들고 있는가? 그러면 지금 현재에서 행복할 수 없다. 지금 여기 현재를 경험하는 것을 나 자신에게 허락하지 않으면 오늘 하루를 낭비하는 셈이다. 원한이나 억울함을 오랫동안 움켜쥐고 놓아주지 않는다면 그 문제는 나 자신을 용서하지 않는 것과 관계가 있다.

과거의 상처를 계속 붙들고 있으면, 지금 현재의 나 자신을 계속해서 벌주게 된다. 나는 더이상 스스로 옳다고 나 자신을 정당화하는 분노의 감옥에 웅크리고 앉아있지 않는다. 오히려 나는 더욱 더 지금 이 순간 항상 바로 행복하기를 선택한다. 나는 나 자신을 용서하며 나에게 벌주기를 멈춘다.

## 나는 내 직업을 통해
## 큰 기쁨을 느낀다

나는 직업으로 내 삶을 표현한다. 나는 이 직업으로 인해 크게 기뻐한다. 나는 나를 통해 신성한 무한 지성의 힘이 나타나도록 모든 기회에 감사를 전한다. 내가 도전에 맞설 때마다 그것이 삶이 나에게 준 기회라는 것을 안다. 이성을 조용히 가라앉히고 내면으로 들어가 삶에서 나타나는 모든 것을 축복으로 받아들인다. 나는 하나의 일이 아주 잘 끝난 것에 대해 보상을 받을 가치가 있다.

나는 이 신바람나고 즐거운 일에 대한 내 에너지를 세상에 내보낸 대가로 풍요롭게 보상받는다. 나의 동료와 파트너들은 모두 인류애를 실천하는 고마운 분들이며 나를 도와주고 지지해주는 사람들이다. 나와 함께 일하는 사람들은 열정적이고, 파워풀한 힘이 있다. 나에게 도움을 주기 위해 나타난 영적인 메신저들에게 감사를 전하고 서로 축복한다. 영적으로 좋은 것들이 나타나기 위해 우리는 서로를 사랑으로 축복한다.

## 나는 내 삶의 '~해야만 해'라는
## 강한 의무의 말을 제거한다

나는 내 인생 사전에서 '~해야만 해'라는 단어를 제거한다. '~해야만 해'라는 말은 마음에 감옥을 만든다. 내가 "~해야만 해!"라고 말을 할 때마다, 나는 내 자신이 잘못 되었다고 스스로에게 벌을 주게 된다. 또는 내가 다른 사람이 뭔가 잘못하고 있다고 믿게 만든다. 그 결과, 나는 나 자신이 충분히 좋은 사람이 아니라고 스스로에게 부정 확언을 하게 된다. 이 부정 확언은 계속해서 좋지 않은 증거들을 내면에 끌어들이게 된다.

나는 이제부터 "~해야만 해"라고 말하는 대신에 **"~할 수 있어"** 라는 말로 대처한다. '~할 수 있어'라는 말은 내가 원하면 할 수 있다는 선택권이 내게 있음을 알게 해준다. 그리고 선택은 자유이다.

나는 이 세상에서 일어나는 삶의 모든 일들이 선택으로 이루어지고 있다는 사실을 알아둘 필요가 있다. 이 세상에 내가 반드시 "~해야만 해"라고 말할 강한 의무는 눈을 씻고 찾아봐도 없다. 나는 선택권이 있다. 나에게는 선택할 수 있는 권리가 있다.

## 나는 평화롭게
## 잠이 든다

수면은 하루를 정리하고 자신에게 휴식을 주는 시간이다. 내 몸은 그 자체로 자연 치유되고 있으며 하루 종일 열심히 살아준 나를 위해 몸을 새롭게 단장하고 상쾌하게 일어나도록 자정작용을 한다. 내 마음은 꿈의 상태로 들어가 낮 동안 발생한 문제들을 처리하고 불필요한 정보는 걸러낸다. 잠이 들랑말랑 할 때에 나는 긍정적인 생각을 잠재의식에 프로그램으로 주입하는 작업을 한다.

잠재의식에 새긴 새로운 생각들은 새로운 날과 멋진 새 미래를 창조할 단초이다. 그러므로 만약 내 안에 화와 비난이 있다면 그 모든 감정들을 놓아준다. 분노와 두려움이 있다면 그것도 역시 놓아준다. 질투나 분노가 있다면 나는 그것 역시도 명상으로 날려 보낸다. 죄책감이나 마음속에 스멀스멀 올라오는 잘 안 떨어지는 욕구가 있다면 그것도 역시 놓아준다. 나는 몸과 마음에 단지 평화만 느낀다.

## 나는 건강하고
## 에너지로 꽉 차 있다

나는 내 몸이 나와 함께 살기에 우호적이라는 것을 알고 확언한다. 나는 내 몸을 존중한다. 그리고 몸을 잘 다룬다. 나는 몸에 좋은 음식으로 영양분을 주고, 건강을 위해 운동한다. 나는 내 몸에 대해서 긍정적인 말들로 확언하면서 몸을 행복하게 해준다. 나는 내 몸을 사랑한다고 자주 말한다. 나는 우주의 에너지와 접속한다. 그리고 우주의 에너지가 나를 통해 흐르도록 허용한다. 나에게는 멋진 놀라운 에너지가 있다. 나는 빛을 발하고 활기차고 살아있다.

## 모든 문제에는
## 반드시 해결책이 있다

내가 만드는 모든 문제에는 해결책이 있다. 나는 우주의 보편적인 지혜와 지식에 연결되어 있기 때문에 인간적인 사고로 한정 짓지 않는다. 나는 내 마음이 사랑이라는 공간에서 나오고, 사랑이 모든 문을 열어준다는 것을 잘 알고 있다. 삶의 위기와 도전들을 만났을 때 그것들을 이겨내고 극복할 수 있도록 이미 내 안에는 '사랑'이라는 힘이 장착되어 있다.

나는 세상의 문제가 어딘가에서 누군가가 해결한 것을 알고 있다. 그러므로 나는 그들이 문제를 해결했다면 나에게도 그런 일이 일어나리란 것을 안다. 나는 사랑의 보호막으로 내 자신을 둘러싼다. 그리고 나의 세상에서는 모든 것이 다 좋다는 것을 잘 안다.

## 나는 영원을 통해
## 끊임없이 여행하는 과정에 있다

삶은 무한히 계속된다. 나는 그 삶 안에서 모든 것이 완벽하고, 온전하고, 완벽하다는 것을 안다. 삶의 주기도 완벽하다. 시작이 있고, 성장의 시기가 있고, 존재함으로 그저 평온할 때도 있고, 주춤할 때도 있고, 나이 들어 열정이 약해질 때도 있고, 떠남의 때도 있다. 이 모든 삶의 과정이 완벽함의 일부분이다.

나는 삶의 순환 주기와 리듬을 사랑하고 받아들인다. 때로는 삶의 중간에 갑자기 이곳의 여행이 끝나기도 한다. 그래서 신경이 쓰이고 두려움을 느끼기도 한다. 어떤 사람은 너무 일찍 죽는다. 혹은 뭔가 일이 닥쳐서 사고가 나기도 한다.

그러나 나는 삶이 계속 영원히 변화한다는 것을 안다. 시작도 끝도 없고, 단지 끊임없이 계속 경험과 본질이 돌고 또 다시 도는 반복만 있을 뿐이다. 삶에는 결코 정체되어 있거나 고정된 것이 없다. 삶이 낡고 오래된 상태로 머물러 있지도 않는다. 왜냐하면 매 순간이 새롭고, 신선하기 때문이다. 삶의 모든 끝은 새로운 시작점이다.

## 나는 긍정적인 생각에 머문다

생각이란 물방울같다. 내가 같은 생각을 계속하면 할수록 이 생각의 물방울이 믿을 수 없이 큰 그릇이 된다. 처음에는 물웅덩이 정도의 그릇이었던 생각이 점점 더 커지면서 연못이 될 것이다. 그리고 같은 생각을 계속 한다면, 호수 정도의 크기가 되고 결국에는 대해가 될 것이다. 만약 내 생각이 부정적이라면, 그 부정성의 바다에 빠져 익사할 수도 있다. 만약 생각이 긍정적이라면 나는 삶이란 대해에 유유자적 떠다니며 삶을 즐길 수 있다.

## 나는 지금 있어야 할
## 완벽한 시간대에 있다

나는 영원히 끝나지 않는 여행 중에 있다. 내가 이 지구라는 행성에서 보내는 시간은 눈 깜짝할 사이에 지나간다. 나는 이 행성에서 삶의 교훈들을 배우고, 영적 성장을 하며, 사랑하는 능력을 확장시키러 왔다. 오고 가는 시간대에는 어떠한 올바른 시간도, 올바르지 않은 시간도 없다.

나는 항상 삶이라는 영화의 중간에 왔다가, 영화가 계속 상영되는 중간에 떠난다. 나는 나의 특별한 임무가 다 수행되었을 때 이 세상을 떠난다. 나는 나 자신을 더 사랑하는 법을 배우기 위해 이 지구에 왔고, 내 주변에 있는 모든 사람들과 사랑을 나누고 그 사랑을 베풀기 위해 이곳에 있다. 나는 가슴을 열어 의식의 훨씬 더 깊은 차원으로 들어간다. 사랑하는 능력만이 이 세상을 떠날 때 가져갈 수 있는 유일한 능력이다.

## 나는 내가 나를 위해 창조한
## 그 모든 것을 사랑한다

나는 나 자신을 있는 모습 그대로 정확하게 사랑하고 받아들인다. 내가 어디에 있든 나는 나를 지지하고 믿는다. 내 가슴에 손을 대고 이미 거기에 있었던 사랑을 느낀다. 나는 나 자신을 지금 여기에서 받아들이기 위한 공간이 충분하다는 것을 안다. 나는 내 몸과 몸무게, 키, 외모, 성별, 경험들을 모두 받아들인다. 나는 내가 과거와 현재에 나를 위해 창조한 그 모든 것들을 받아들인다.

나는 내 미래가 일어나는 것을 기꺼이 허용하겠다. 나는 신성하고 참으로 감명 깊은 삶의 표현이다. 그리고 나는 최상의 것들을 받을 가치가 있는 사람이다. 나는 이 사실을 지금 나 자신을 위해 받아들인다. 나는 기적을 받아들인다. 그리고 무엇보다도 우선 나는 나를 받아들인다. 나는 소중한 존재이다. 나는 나 자신인 것에 대해 스스로 축복을 내린다.

## 나는 나 자신을 지금 바로 있는 그대로 인정하고 사랑한다

나는 나 자신을 지금 바로 이 순간, 바로 여기서 사랑한다. 몸무게가 줄어들면, 좋은 직장을 가지면, 애인을 찾으면 등등의 때를 기다릴 필요가 전혀 없다. 이 순간이 바로 나의 현실이다. 나 자신을 사랑할 수 있는 시간은 바로 여기 지금 이 순간이 유일한 때라는 것을 알고 있다.

무조건적인 사랑은 기대와 조건을 바라지 않은 상태에서 사랑하는 것이다. 내가 나 자신을 사랑하는 방식은 무조건적인 사랑이다. 그것은 모든 것을 있는 그대로 받아들이는 것이다.

## 나는 이 지구의
## 모든 사람들과 하나이다

나는 선과 악이라는 두 가지 힘을 믿지 않는다. 오직 하나의 무한한 영혼이 있다고 믿는다. 인간은 모든 면에서 사용할 수 있는 지능과 지혜의 도구들을 사용할 기회가 있다. 내가 다른 사람들을 대상으로 이야기할 때, 그들이라고 말하는 것은 전부 나를 가리키는 말이다.

제3자는 나의 거울이다. 그들에 대해 말할 때에는 진실로 나에 대해서 이야기하는 것이다. 왜냐하면 내가 그 사람들이고, 내가 정부이며 내가 교회이자, 내가 지구 행성이기 때문이다. 변화가 시작되는 그곳이 바로 내가 있을 곳이다.

"모든 사람은 사악하다"고 너무 쉽게 말한다고 생각한다면, 그들이 사악하다고 말할 때에 그것은 언제나 나 자신을 가리키게 된다.

## 나는 내 존재의 진실한 자아를 인식한다

나는 무한지성의 힘과 함께 존재한다. 신성한 무한 지성이 내 존재에 나타남으로 인해, 나는 나와 무한지성이 하나됨의 의식체로 본다. 내 지혜와 영적 이해가 높아질수록 존재의 진실한 내면의 아름다움을 표현한다. 신성한 질서는 언제나 내 경험을 통해 나타난다. 내가 하고자 선택하는 모든 것을 할 수 있는 시간이 충분하다. 내가 타인과 관계를 맺는 모든 활동에서 지혜와 이해와 사랑을 표현한다.

내가 하는 말들은 신성이 나를 보호하는 말들이다. 나는 내 일에서 창조적인 영의 에너지를 표현하는 자로 나를 인식한다. 재미있고, 희망을 주는 아이디어가 내 의식을 통해 흘러나온다. 아이디어와 영감이 떠오르면 그것을 바로 따르고, 아이디어가 완전하게 세상에 나타나도록 잘 실행한다.

## 나는 나 자신의 독특하고 개성 있는 자아이다

나는 우리 아버지가 아니다. 우리 어머니도 아니다. 나는 우리 친척들 중 어떤 사람과도 같지 않다. 나는 학교 선생님도 아니다. 나는 종교적으로 훈련받은 한계점도 아니다. 나는 나 자신이다. 나는 특별하고 독특하다. 나는 내 재능과 능력들로 개성이 강한 나 자신만의 독특한 재능을 표현한다. 아무도 내가 그들에게 할 수 있는 것처럼 나를 흉내내서 똑같이 할 수는 없다. 경쟁과 비교는 없다.

나는 사랑을 받을 만한 가치가 충분히 있다. 나는 스스로 수용할 가치가 있는 존재이다. 나는 위대한 존재이다. 나는 자유롭다. 나는 이것이 내 존재를 위한 새로운 진실이 되도록 인식한다.

## 나는 자연스럽게
## 승리한다

나는 나 자신을 사랑하기 위해 삶에서 교훈을 얻거나 배울 때 힘이 생기고 강해진다. 나 자신에 대한 사랑은 희생자 의식에서 승리자 의식으로 옮겨가게 한다. 나 자신에 대한 사랑은 놀라운 경험이다. 자신에 대해 좋은 감정을 적극적으로 느끼는 사람은 자연스럽게 타인에게 매력적으로 보인다. 왜냐하면 그들은 정말로 내면의 에너지 파동을 가지고 있기 때문이다. 자신을 사랑할 줄 아는 사람들은 항상 삶에서 승리하는 성공의식을 가지고 있다. 나는 지금 이 순간 나 자신을 기꺼이 사랑하기 위해 배울 것이다. 나도 역시 마찬가지로 승리자이다.

## 나는 나 자신을 있는 그대로 자유롭게 표현한다

나는 정말 축복받았다. 나 자신으로 존재하고 나를 있는 그대로의 모습으로 표현하는 멋진 기회들이 있다. 나는 우주의 아름다움과 기쁨이다. 나는 표현하고 우주의 좋은 것들을 다 받는다. 나는 나 자신을 신성한 정직함과 정의로 채운다. 신성하고 올바른 행위가 일어나고 있다. 결과가 어떻든지 간에 신성의 질서에 따라 반드시 일어나야 할 일은 일어나고 있다. 그 일은 나를 위한 완벽한 것이고, 관련된 모든 사람들도 모두 다 완벽한 인연이라는 것을 알고 있다.

나는 나를 창조한 바로 그 힘과 하나이다. 나는 훌륭하고 멋지다. 나는 내 존재의 진실 안에서 기뻐한다. 나는 그것을 진심으로 받아들이고 그렇게 되리라는 것을 알고 있기에 모든 것을 놔두고 있는 그대로 바라본다. 그래서 나는 이렇게 말한다.

**"그렇게 되기로 되라!"**

나는 모든 것이 다 잘 될 것이고 잘 되고 있고, 잘 된다는 것을 안다. 지금 여기, 이 순간 나의 멋진 세상에서 모든 것이 다 좋다.

## 나는 내 안에 있는
## 무한 지성을 믿는다

오직 하나의 무한 지성이 있다. 무한 지성은 모든 곳에 있고, 전지전능한 힘을 가지고 지금 여기에 있다. 무한 지성은 어디에나 존재한다. 이 무한 지성은 내 안에 있고, 내가 찾고 있는 모든 것에 있다. 내가 걷다가 길을 잃었을 때, 뭔가를 잃어버렸을 때 "잘못 왔네, 길을 찾지 못할 거야"라고 말하지 않는다. 나는 어떤 것도 신성한 마음 안에서는 잃어버리지 않는단 걸 알고 있다. 나는 완전히 나를 올바른 길로 안내해주는 내 안에 있는 무한 지성의 힘을 믿는다.

## 나는 조화로운 완전체의 일부이다

나는 하나의 마음을 통해 조화롭게 표현되는 신성한 아이디어이다. 내가 하는 모든 것은 하나의 진리에 기초한 것이다. 그 진리란 나의 존재와 삶의 진실이다. 나는 하루 종일 신성한 질서에 의해서 올바른 행동을 하도록 안내받을 것이다. 나는 알맞은 시간에 올바른 말을 하게 될 것이고 항상 올바른 행동을 하는 길을 따를 것이다.

우리 모두는 조화로운 완전체이다. 나도 조화로운 완전체의 일부분이다. 성취감 있고, 생산적인 방법으로 서로를 지지하고 격려하며 즐겁게 함께 일을 할 때 에너지가 섞이면서 신성한 에너지 조합이 이뤄진다. 나는 건강하다. 나는 행복하다. 나는 사랑한다. 나는 즐겁다. 나는 존경받는다. 나는 돕는다. 나는 생산적이다. 나는 나 자신과 타인들과도 평화롭게 지낸다.

## 나는 우리 가족을
## 사랑으로 축복한다

어느 누구도 내가 가지고 있던 특별한 가족을 가지고 있지 않는다. 우리 가족이 했던 방식대로 마음을 열어둘 기회 또한 가지지도 않는다. 나는 이웃들이 말하는 것들과 사회적 편견에 나를 가두어 두지 않는다. 나는 그런 것들보다 훨씬 더 뛰어난 사람이다. 나에게는 사랑으로부터 온 가족이 있다. 나는 우리 가족 구성원 모두를 독특한 개성이 있는 존재로 받아들인다.

나는 특별하다. 나는 사랑할 가치가 있는 사람이다. 나는 멋진 우리 가족을 사랑하고, 멋진 가족 구성원들을 각각 존중하며 받아들인다. 그 반대도 마찬가지이다. 결과적으로 우리 가족은 나를 사랑하고 공경한다. 나는 안전하다. 나의 세상에서는 모든 것이 다 좋다.

# 나는 기꺼이
# 변화하고 성장한다

나는 기꺼이 새로운 것들을 배우겠다. 왜냐하면 나는 새로운 것은 잘 모른다는 것을 알기 때문이다. 나는 기꺼이 오래된 관습과 관념을 버린다. 오래된 신념이 더이상 잘 작동되지 않기 때문에 필요 없는 관습은 버린다. 나는 나 자신에 대한 상황을 기꺼이 볼 것이고 이렇게 말할 것이다.

"나는 과거에 잘 들었던 방식이 지금은 더이상 작동하지 않는다면 그것들을 버릴 거야. 더는 과거의 방식대로 하지 않을 거야."

나는 충분히 좋지 않다는 말을 포함하고 있는 '더 좋은' 사람이 되려는 것이 아닌, **'있는 그대로의 나 자신'**이 될 수 있는 내가 되겠다. 성장하고 변화하는 것은 흥미롭다. 비록 성장하고 변화하기 위해 내면을 들여다보는 것은 때때로 고통스럽지만, 그렇게 해야 변화와 성장이 생기기 때문에 나는 기꺼이 새로운 내가 되겠다.

## 나는 내면의 지혜를
## 따른다

내 내면의 지혜는 모든 답을 알고 있다. 때론 그 사실을 아는 것이 두렵기도 하다. 왜냐하면 내면의 지혜에서 얻은 대답은 어떨 땐 친구와 가족들이 내가 하길 원하는 것과 다르기 때문이다. 그러나 나는 내면적으로 나온 대답이 나에게 올바르다는 것을 알기에, 만약 내면의 지혜를 따른다면 나는 평화로워진다. 나는 나 자신을 위한 올바른 선택을 하기 위해 나 스스로를 지지한다.

의심이 들어올 때에는 나 자신에게 이렇게 물어본다.

'나는 마음 속 사랑이란 공간에서 왔는가? 이 결정이 나를 위해 사랑스러운 것인가? 이것이 지금 나를 위해 올바른가?'

하루 뒤, 일주일이 지나서, 한 달 뒤에 하는 결정은 올바르지 않을 때가 많다. 그러면 나는 그 선택들을 바꿀 수 있다. 나는 매 순간에 물어본다.

'이 선택이 나를 위해 과연 올바른 것일까?'

그리고 대답한다.

'나는 나를 사랑하고 올바른 선택을 하고 있는 중이다'.

# 이 세상은
# 지구에 있는 천국이다

새로운 밀레니엄 시대에 나는 공유하고 성장하고 세상에 좋은 에너지를 내뿜는 영적 공동체를 본다. 각 구성원들은 개인적인 목적을 추구하는데 자유롭다. 나는 영혼이 성장하는 것을 가장 중요한 활동으로 보고 개인들이 영적 성장을 하는 공동체를 창조하는 것을 돕는다.

어떤 분야를 선택하든지 충분한 시간과 기회가 있다. 돈을 버는 것과 관련하여 지나친 근심은 없을 것이다. 필요한 모든 것은 내면의 파워를 통해 표현할 수 있게 된다. 교육은 이미 알고 있는 것을 기억하게 하는 과정이 될 것이고, 의식적인 자각을 통해서도 알게 될 것이다. 질병(불편함)도 없을 것이고, 가난도, 범죄도, 사기도 없을 것이다. 미래 세상이 지금 시작되었다. 지금 여기서 우리 모두가 함께 시작하고 있다. 정말 그렇다.

내면의 평화와
지혜를 위한
루이스 헤이 확언 필사집

# 루이스 헤이의
# 명상록

**초판 1쇄**   **인쇄** 2022년 3월 3일
           **발행** 2022년 3월 9일
**지은이**   루이스 L.헤이
**옮긴이**   엄남미
**디자인**   고은아
**펴낸곳**   케이미라클모닝
**등록**     제2021-000020 호
**주소**     서울 동대문구 전농로 16길 51, 102-604
**전자우편**   kmiraclemorning@naver.com
**전화**     070-8771-2052
**ISBN**    979-11-977597-2-7  03330
ⓒ 루이스 헤이, 2022
**값** 14,000원

- 이 책은 원저작자와의 독점계약으로 저작권법에 따라 보호를 받는 저작물입니다. 무단 전제와 복제를 금합니다.
- 이 책의 내용의 전부 또는 일부를 사용하려면 반드시 저작권자와 케이미라클모닝 출판사의 동의를 받아야 합니다.
- 잘못된 책은 구입하신 서점에서 교환해 드립니다.
- 케이미라클모닝 출판사 문에 노크해 주십시오. 어떤 영감이나 생각이라도 환영합니다.